AF607330

http://www.edicionesinvasoras.com
D.L. ZA 172-2024
ISBN: 978-84-18885-51-8

Tomen sus asientos, el espectáculo está a punto de empezar...

ESTO ES DISNEY WORLD

Ana Lucía Ramírez

El orden de las escenas es de libre albedrio.
El signo de Barra (/) indica interrupción en diálogos que se traslapan.
Doble barra (//) indica el pensamiento de los personajes.
Las acotaciones en cursiva pueden ser dichas o no por uno o más narradores. Se sugiere que sean enunciados por el personaje de la Gitana.
Las acotaciones escritas entre paréntesis ( ) se sugiere no ser dichas.

1

alucina
obstínate
bésame
abrázame
no me juzgues
Goza
muere
vive
desea
domina
destruyete
pierde
Ama
coge
habla
gana
seis
conmuévete
mastica
DUDA
tírate a la hueva
No me humilles
construye
fuma
descolócate
crece
sonríe
se feliz
ríe

Texto escrito en una proyección:

Les recordamos:
NO podrán ingresar personas claustrofóbicas,
ni con algún tipo de enfermedad cardiaca
o respiratoria.
Los menores de edad no están destinados a ver esto.
Desnudez fuerte, pornografía, violencia extrema, muertes
extremadamente violentas, lenguaje ofensivo,
derramamiento de sangre, gore extremo, imágenes intensas
frecuentes, escenas intensamente fuertes, insultos intensos,
alcohol, drogas y tabaco.
El contenido de este sitio podría resultar perturbador a ojos
u oídos
sensibles.
Queda estrictamente prohibido el uso de cualquier aparato
de vídeo o
fotográfico.
Lo que usted está a punto de ver, bajo ninguna
circunstancia, podrá
ser grabado.
El cupo máximo de invitados es de -- personas.
Al ingresar, cada uno de ustedes tomará un lugar,
encenderán
el monitor y se
dispondrán a vivir la experiencia,
no podrán ser vistos ni escuchados.
Siéntanse libres en esta red.
Nuevamente, bienvenidos. Esperamos que disfruten.
Iniciemos.

2

Grito que viene de la entraña.

ALEJANDRA ¿Quién eres realmente?

BERNARDO Alejandra. Déjame explicar…

ALEJANDRA NO ME TOQUES.

BERNARDO Cálmate.

ALEJANDRA Me das asco.

BERNARDO Somos hermanos.

ALEJANDRA ¿Hermanos? Chinga tu madre. Chinga tu madre. Eres un demonio. Me das asco. Maricón. Tú no eres mi hermano.

BERNARDO Alejandra.

ALEJANDRA Vete a la mierda.

BERNARDO Escúchame.

ALEJANDRA Hazte a un lado.

BERNARDO Tengo derecho a que me escuches.

ALEJANDRA ¿Derecho?

BERNARDO Sí, derecho.

ALEJANDRA Si estuvieras viendo lo que yo, pensarías lo contrario.

BERNARDO Necesito que me escuches.

ALEJANDRA Estás enfermo.

Alejandra intenta salir de la habitación. Ella toma un tubo grueso de aluminio, quizá una de esas barras de closet para colgar ganchos. El tubo oportuna y sorpresivamente está en el suelo. Él intenta detenerla.

ALEJANDRA Suéltame o te hago un hoyo en la entrepierna que hasta de Dios Cristo te vas a olvidar.

BERNARDO Tranquila. Deja eso. Hablemos.

ALEJANDRA Maricón...

BERNARDO ...

ALEJANDRA No te acerques... Si lo vuelves a hacer... ¡Ah! *(Grito. Palabra contenida. Impotencia.)*

BERNARDO Cálmate. Ya. No subas la voz. Hay gente. Ya, tranquila. Te dejo. Ya. Por favor, sólo no digas nada a nadie, no hasta que hablemos. Tranquila.

ALEJANDRA No pidas que me calle porque no lo voy a hacer.

BERNARDO Soy tu hermano.

ALEJANDRA Un monstruo, eso eres...

Alejandra camina con el tubo en las manos sin dar la espalda a Bernardo, no es que le tenga miedo, Bernardo es debilucho, enclenque, tímido, un hombre de 47 años que en apariencia no podría aplastar ni a una mosca con el pie.

Para matar a un hombre basta y sobra un matamoscas. Olvidé comprar uno. Maldita memoria, piensa Alejandra y sale.

Alejandra Los años son un balón de plastilina.
Al rebotarlo, cambia su forma.
Cambia y cambia.
Y cambia tanto,
que tanto cambio aturde,
marea...
El niño cambia.
El niño engorda.
El niño ahora tiene nariz de cerdo
y boca de mandril...
El niño con el que tantas veces oriné parada,
nadé en la piscina del Hilton,
prendí palomas en Navidad
corrí por El Prado en vacaciones,
vi *Pinocho*;
Dumbo,
Bambi,
Mi bella genio,
Los locos Adams,
volé papalotes,
jugué al tejo;
las damas chinas,
las escondidas,
Adivina quién...
Lo desconozco.
Adivina quién... Siempre perdí en ese juego.
¿Era un augurio?

"Adivina quién" ...

¡Qué idiota!

Todo esto piensa Alejandra después de cerrar la puerta del cuarto donde aún está su hermano. Acto seguido, le parte la madre a un San Antonio con el tubo de metal.

Un grito rebota,

otro grito,

uno más.

Llanto que viene

de la entraña.

3

TRUCOS PARA MATAR EL HAMBRE

1. Si tienes hambre cuenta hasta 1000 antes de terminar de comer algo, entenderás que es una estupidez meterle grasa a tu cuerpo.
2. Prueba la comida y escúpela. Repítelo cuantas veces sea necesario para calmar tu ansiedad.
3. Si tienes una jodida cena familiar, no comas el día anterior.
4. Pica la comida en trozos pequeños y tarda tanto como puedas en comer.
5. No salgas a la calle con dinero o comprarás comida porque eres una cerda y las cerdas sólo piensan en comer.
6. Mantente ocupada, busca un pasatiempo. No seas huevona.
7. Pega fotos de Cara Delevingne en tu cuarto y en el refrigerador.
8. Mírate al espejo, compárate. No vales nada al lado de ella.
9. Princesas de este reino, Anas y Mías, recuerden, solo nosotras somos sus aliadas.
10. Haz ejercicio. Gasta más energía de la que consumes.
11. Nunca comas antes de dormir.
12. Consume pastillas adelgazantes, diuréticos, laxantes, haz lo que sea necesario para ser una Princesa.
13. Esto no es un sacrificio, es el mayor logro de tu vida.
14. "El ser más poderoso es el que se domina a sí mismo."

Tus amigas: Anas y Mías.

4

Pum pum

Un golpe

Dos,

Gerardo golpea un costal de boxeo. Laura cose.

Laura Alguna vez te has imaginado qué pasaría si la casa de enfrente de tu casa fuera una pantalla, es decir, si pudiéramos observar a los vecinos todo el tiempo, como en un *reality show*...

Gerardo Suena a *Black Mirror*

Laura Yo lo he pensado... Me gusta...

Gerardo ¿?

Laura *Black Mirror*

Gerardo ¿Qué haces?

Laura Coso. A veces siento que me observan ¿Tú no lo sientes...? /

Gerardo ¿Por qué coses mi saco?

Laura / ¿...que nosotros somos la pantalla, el *reality show*?

Gerardo ¿Por qué lo coses?

Laura Decidí que es buen momento para aprender a coser y a tu saco se le cayó el botón y quiero que te lo pongas.

Gerardo Sabes que no me gusta usar saco.

Laura Hoy es un día... memorable.

GERARDO Sí, memorable. Es raro que ocupes las manos para otra cosa que no sea tu celular.

LAURA Traje vino Rioja para la pedida.

GERARDO Todo el día con el mentado celular.

LAURA *(Al escuchar la palabra celular, Laura inmediatamente lo saca. Está en el celular y sigue cosiendo.)*

Qué seco está el pasto (*viendo el pasto a través del celular.*), te he dicho que tienes que regarlo Gera. No puede seguir así... el de los vecinos tiene flores. Cuando vivamos juntos...

GERARDO Ya decía yo, ¿has intentado dejarlo por lo menos cinco minutos?

LAURA Veo el mundo desde aquí. ¿Falta mucho para que termines de entrenar? Ya es tarde y los invitados... ¿Te gusta? Es Matarromera Crianza 2012, aroma a fruta negra madura, de gran complejidad. Es un Vino con paso generoso y final intenso y duradero.

GERARDO Tu problema es que no sabes relacionarte.

LAURA Brindaremos y tomaremos muchas *pics*... hoy es un día especial...

GERARDO Vives para Facebook eso pasa.

LAURA Vivo para ti... llovió toda la semana y el pasto sigue seco, es que es asombroso. Te tengo una sorpresa... bueno dos.

GERARDO Podrías regarlo.

LAURA Llevo días con la sensación de que alguien me observa, cada vez que me acerco a la ventana tengo la sensación de que alguien me observa... cierra las cortinas. Me pone de nervios.

GERARDO "Cierra las cortinas" ¿Sabes hacer algo? ¿Alguna vez aprendiste a hacer algo?

LAURA ...

GERARDO Me lo imaginaba. Creciste tan consentida que, de tanto, te volvieron inútil, pero no es tu culpa mi amor, esas cosas pasan. Aunque podrías intentar al menos sobrellevarlas con responsabilidad, uno se da cuenta que no sabe, que no aprendió a hacer nada en la vida... Poner café, tarea difícil, amarrar las agujetas de tus tenis, complicadísimo; si cada tres minutos hay que detenerse en la plaza para que la señorita se anude los cordones una y otra y otra y otra vez... Hasta para mamármela me preguntas, ¿cómo se hace? Y el problema no es que esas cosas pasen ni que no sepas, el problema es que no les pongas remedio.

LAURA Sí.

GERARDO Porque nunca dices más, ese "SÍ" es un problema que debes resolver, no puedes parecer inerte, muerta, déjate afectar. Deja de sonreír todo el tiempo, de pretender que eres feliz cosiendo ese saco, pensé que te agradaba hacerlo, pero ya veo que no. Finges, sólo finges, finges todo el tiempo.

LAURA No finjo. Estoy feliz. Soy feliz. ¿Por qué quieres que esté mal? Yo estoy bien.

GERARDO ¿Por qué coses mi saco?

LAURA //PorqueSeMeDaMiReputaPutaPutaPutaGana·

GERARDO ¿Por qué lo haces si no te gusta?

LAURA //TienesRazónMeCagaCoserTantoComoMeCagasTúCuandoTePonesIntenso//. Porque te amo.

GERARDO ¿Es por la foto? ¿El Facebook? ¿IG? Para que tus amigas digan "Qué bien se ve Gerardo, por fin viste formal". Ridículo, como maniquí de Zara.

LAURA- //MisAmigasPiensanQueEresUnPendejoRuegan PorqueConozcaOtroPendejoMenosPendejo QueTúYTeDeje//. Tú siempre te ves bien, mi amor.

GERARDO Te apuesto que buscaste en Google "outfit caballero pedida de mano 2022".

LAURA //ProcuroQueTeVeasBien.FelizComoYo.YoSoy Feliz//.

GERARDO ¿Sabes cuál es el verdadero problema? Que después de 10 años de noviazgo, el matrimonio nos viene de sobra. Siempre llegas tarde a todo, Laura. Tarde para aprender a coser, tarde para aceptar comprometerte conmigo, tarde para comenzar una carrera, quieres estudiar filología, ja, no sé cuál de tus amigas estudiará eso o en qué página de Internet viste que era *in*. Porque nada viene de ti. Eres un plagio y de los malos, siempre tomando lo peor de todos.

LAURA Ya es tarde.

GERARDO Sí, tarde para la gimnasia, tarde para tocar un instrumento, te crees muy *millenial* pero no, no, a nuestra generación también todos estos aparatitos nos llegaron tarde, tienes 35 años, vas muy tarde ya... Sin embargo hoy, por extraño que parezca, estoy orgulloso de ti Lechuga. Ver que coses ese saco, aunque lo odie, me da tranquilidad, lo haces terriblemente pero lo intentas y eso me da esperanza porque hoy creo que podemos construir algo, juntos... tarde, pero juntos. Una sala de costura quizá "Se cosen botones por 10 pesos".

LAURA Me gusta ...Estoy esperando un hijo.

GERARDO ¿Qué?

LAURA Estoy embarazada. Tarde, pero lo estoy.

GERARDO Eres lo peor que me ha pasado en la vida (*esto lo dice feliz, honestamente feliz.*)

LAURA Tú eres lo peor que me ha pasado en la vida.

GERARDO Voy a ser papá. ¿Y la boda?

LAURA Aun no se notará la pancita.

GERARDO ...

LAURA Te das cuenta, sí puedo tener hijos. ¿No es maravilloso?

GERARDO Maravilloso. Hubiera apostado que estabas seca.

LAURA Yo también.

GERARDO ¿Y cuál es la otra noticia?

LAURA Son dos...

5

Un cuarto blanco, pulcro y vacío, en él una mujer ensucia la blancura del cuadro.

Adivina quién...

Diana sostiene un iPhone, sus manos viejas y manchadas se agitan sutilmente, es el iPhone más nuevo, Diana se toma fotos de cuando en cuando y de cuando en cuando le toma fotos a Juanita, unas con flash otras sin flash. Ella quiere unas lindas fotos matutinas. Juana por su parte, limpia la ventana, es una ventana amplia y lujosa: un ventanal, un ventanal amplio y lujoso, de esos que sólo se ven en las películas o en el Instagram, de esos que no tienen protección, porque el vidrio es lo suficientemente grueso para soportar una balacera y no sufrir un rasguño o es anti-balaceras o es que en esta zona de la ciudad no hay balaceras, ni atentados, ni narcotraficantes, ni ladrones rompecristales que puedan entrar a tu blanca y pulcra casa a perpetuar un robo o un crimen. Juana lo piensa todo el tiempo y dice para sí: "Este sitio es diferente, un poco mejor, un poco peor, no lo sé, pero sí que es diferente; de esos que sólo existen en las películas o en los sueños". Un pasto verde y hermosamente podado aguarda del otro lado del cristal, es de un verde Disney esperanzador. Más allá, decenas de personas contemplan la hermosura del sublime pasto verde Disney, bien podado y bien verde... Parece un cuadro pintado por Walter...

¿Benjamin?

No

Walter Disney

Esto es Disney World...

DIANA ¿Disney World?

JUANA Sí.

DIANA Venecia.

JUANA También

DIANA La torre Eiffel.

JUANA Sí.

DIANA Berlín.

JUANA Ajá

DIANA El Coliseo.

JUANA Sí.

DIANA Isla Bora Bora.

JUANA Sí.

DIANA Taj Mahal,

JUANA En la India.

DIANA Las Pirámides de Guiza.

JUANA ...

DIANA ¿Las Pirámides de Guiza?

JUANA Usted qué cree.

DIANA ... La Gran Muralla China.

JUANA Sí.

DIANA El Museo de Louvre, Las Estatuas Moai de la Isla de Pascua, El Río Jiuzhaigou y sus increíbles aguas...

JUANA Sí.

DIANA La Capilla Sixtina.

JUANA Sí.

DIANA La Acrópolis, El Partenón, El palacio de Versalles...

JUANA	Sí.
DIANA	¿?
JUANA	Sí, de verdad, sí.
DIANA	Praga...
JUANA	También.
DIANA	¿Cómo puedes saber dónde están en el mapa?
JUANA	Usted me lo repite a diario.

6

VALERIA Ayer leí un libro para el cole: Metamorfosis. Va de un tipo normal que una mañana después de un sueño súper inquietante, despierta convertido en un jodido insecto...

//Mi caso es contrario. Yo soy el jodido insecto que sueña con convertirse en princesa, la princesa de un cuento de hadas//.

CORO Estúpida, eres una vaca asquerosa. Asquerosamente gorda. Una cerda, obesa, repulsiva.

HELENA Y qué más...

VALERIA ¿Querías más?

HELENA Debe haber más. ¿Qué pasa con el tipo?

VALERIA *//Se odia a sí mismo...//*

CORO *...porque es una vaca asquerosa. Asquerosamente gorda. cerda, obesa, repulsiva.*

HELENA ¡Valeria! ¡Hija! ¿Qué pasa con el tipo? Niña, te quedas pasmada.

VALERIA ...

HELENA Habla o come, que en esta casa no se desperdicia la comida. Tanto niño negro muriendo en África y tú...

VALERIA En Chiapas también mueren niños y de hambre.

HELENA Pero en África mueren con más hambre.

VALERIA ¿Y en Oaxaca?

HELENA Con menos.

VALERIA	...
HELENA	Cuestión genética.
VALERIA	¿Y?
HELENA	Cómo que "¿Y?" cómo que "¿Y?".
VALERIA	Por favor, mamá, que yo coma no va a evitar que sigan muriendo.
CORO	*No la escuches. No oigas. Solo quiere verte gorda.*
HELENA	Puede que sí.
VALERIA	Es más, si les envías estas sobras seguro les son de más ayuda.
HELENA	Por qué dices tanta estupidez.
VALERIA	~~Debe ser cuestión genética.~~
HELENA	Come.
VALERIA	Estoy comiendo.
HELENA	No veo que comas.
VALERIA	Como lento.
CORO	*Ella quiere verte gorda. Envidia tu juventud. Quiere que seas una cerda. Quiere indigestarte, hacerte comer hasta reventar.*
HELENA	Come.
VALERIA	Bueno, ¿tú quieres indigestarme o qué?
HELENA	Llevas 20 minutos picando las albóndigas.
VALERIA	Saben asquerosas.
HELENA	Trágatelas.
VALERIA	Están asquerosas.
HELENA	Ya dije, la comida no se desperdicia en esta casa.
VALERIA	¿Prefieres que sea obesa?

CORO *Asquerosamente gorda, cerda, obesa y repulsiva.*

HELENA No, eso no.

VALERIA ¿Entonces?

HELENA Las gordas no tienen futuro. Les va mal en la vida.

VALERIA ...

HELENA No es que tenga algo en contra de las gordas, pero entiende, una madre siempre quiere lo mejor para sus hijos y ser gorda o machorra son dos cosas que me gustaría evitarte.

VALERIA Entonces, ¿me vas a inscribir al gym?

HELENA No. Haz ejercicio en casa, sal a correr o revisa tutoriales de Youtube.

CORO Ella quiere verte muerta. Mejor Muerta que gorda.

VALERIA ~~Culera de mierda~~.

HELENA Te escuché. Debería reventarte la boca por insolente.

VALERIA Me harías un favor.

HELENA No sé qué hice mal. Pero algo hice mal. Deja de picar las albóndigas. Si no quieres comer, no comas nada. Suelta el tenedor y lárgate a tu cuarto. ¡A tu cuarto, dije!

VALERIA Gracias.

CORO "El ser más poderoso es el que se domina a sí mismo."

7

Llueve, la calle está en silencio, no hay gente, no hay ruido, si acaso el sonido de un claxon en la lejanía. Sofía camina con rapidez. Tiene la sensación de que alguien la observa... Voltea... Nada... Sigue caminando... Unos pasos... Escucha unos pasos... Voltea... Nada ... Un hombre... Un hombre camina... Un hombre camina detrás... Sofía dobla a la izquierda. Él dobla hacia la misma dirección. Ella aprieta el paso... Voltea y mira como él acelera el ritmo... Se pregunta si debería pedir ayuda... Ella cruza la acera y vuelve a girar, falta poco para llegar a su destino... Él hace lo mismo... Sofía está segura, este hombre la está siguiendo desde que salió de su departamento, unas tres cuadras atrás... Ella, mira a su alrededor, quiere que alguien la auxilie, pero no hay nadie... va a sacar el celular de su bolso y...

TAXISTA ¡Oye!

SOFÍA ¿Me estás siguiendo?

TAXISTA Sí. *(Sofía grita e intenta correr.)* Se te cayó esto.

SOFÍA ...

TAXISTA Se te cayó. *(Le extiende un celular).*

SOFÍA Gracias. Perdón. Pensé...

TAXISTA Sí.

SOFÍA Mil gracias, no me di cuenta.

TAXISTA Se te cayó al salir del edificio.

SOFÍA ¡Qué suerte! Mi vida entera está aquí.

TAXISTA Lo sé.

SOFÍA ¿Cuánto te debo?

TAXISTA Nada.

SOFÍA Mínimo para unas chelas, toma.

TAXISTA Mejor me las invitas.

SOFÍA Claro, si volvemos a coincidir.

TAXISTA Volveremos a coincidir. Te lo aseguro.

SOFÍA ...

TAXISTA Somos vecinos. Vivo frente a tu edificio en el cuarto piso. Sofía, ¿cierto?

SOFÍA ...

TAXISTA Tu playera... Ahí dice.

SOFÍA Mucho gusto.

TAXISTA A los vecinos nos importa si algún vecino vive o muere.

SOFÍA Llevo un poco de prisa.

TAXISTA ¿A dónde vas?

SOFÍA A un café aquí cerca.

TAXISTA ¿Puedo acompañarte?

SOFÍA ...

TAXISTA No como jovencitas vestidas de rojo. No me creas un lobo.

SOFÍA Lástima. Con lo que me gusta el canibalismo.

TAXISTA Ya somos dos.

(Ambos ríen).

8

Juana busca entre los cajones de la alacena. Mientras realiza esta acción da instrucciones a su hijo que está en el espacio contiguo: el baño.

JUANA No te pasmes, tranquilito, poco a poco hasta donde alcance... ya casi acabo y voy contigo. Es cuestión de encontrar el modo, enjuaga bien, piensa que estamos preparando un delicioso caldo, piensa en las zanahorias, es como cuando picamos zanahorias, son duras, el agua caliente las ablanda, pero aun así están duras, piensa en la cebolla, arden los ojos, uno quisiera tenerlos cerrados al picar, pero no, ábrelos bien, si los cierras te rebanas... poco a poco, no seas brusco chamaco, hay que tratar bien a la gente, viva o muerta hay que tratarla bien...

9

En un café de esta ciudad: dos amigas. Se conocen desde los 18. Ahora tienen 27. "No te mueras nunca" le dijo Alejandra a Sofía en su primera borrachera juntas y en la última juraron suicidarse frente al mar. Esto es amor en estado puro. Hoy, ellas no son conscientes de que este será su último encuentro.

SOFÍA Deja eso ahí, trae acá, Alejandra, suéltalo. Coño, Alejandra, son mías, ya. Dámelas.

ALEJANDRA No cambias, deveras.

SOFÍA Estoy cansada, necesito relajar el cuerpo. No estoy escapando de nada. Estoy harta de empezar las cosas y no terminar jamás. No sé cerrar ciclos, está bien. Es correcto. Pero no estoy enferma. Si quisiera suicidarme créeme que no sería de un pasón. Buscaría una forma... poética de hacerlo.

ALEJANDRA Ya no sé qué pensar.

SOFÍA No las tires.

ALEJANDRA *(Leyendo los envases.) Rivotril* y *Diazepam*. Estas mierdas son adictivas.

SOFÍA Sólo tomo alguna de vez en cuando.

ALEJANDRA ¿De vez en cuando? Desde que comenzaste a escribir tu libro ese...

SOFÍA Lo ves, llevo una vida haciendo proyectos y nada termina como debería. Déjame terminar por lo menos con este pinche frasco.

ALEJANDRA Termina tu poemario.

SOFÍA Después de 5 años, no mames.

ALEJANDRA Tómate un par de días y acabalo.

Sofía Por qué la gente piensa que escribir es como ir al *McDonald's* y pedir una hamburguesa rápida, buena y además barata.

Alejandra No pienso eso.

Sofía Peor que ir al *McDonald's*, por lo menos ahí la gente paga.

Alejandra Tómate el tiempo que necesites, pero acábalo, es tu proyecto.

Sofía La poesía erótica ya está en decadencia. El papel está en decadencia. El arte está en decadencia. *Onlyfans* es lo de hoy. Pronto dejaré el porno y me quedaré solo en *Onlyfans*. Me va muy bien.

Alejandra Entonces no te quejes.

Sofía Si no me quejo. ¿Sabías que las inteligencias artificiales están comenzando a pintar cuadros?, en nada crearán sinfonías más bellas que las de Beethoven, filmarán pelis al estilo Hitchcock o quién te venga en gana y escribirán guiones de cine, grandes novelas y poesía, también poesía... Con esto, qué yo escriba no tiene sentido. *(Sofía logra arrebatarle el frasco y rápidamente se mete una pastilla a la boca.)* Mira tú cara, jeje. No sé qué te espanta más si estos dos frasquitos inofensivos o tener una verga tamaño real, así, grandota frente a tu cara.

Alejandra Eres una cerda.

Sofía Beata, maldita. Nunca has visto una, ¿verdad?

Alejandra No estamos hablando de mí.

Sofía Te haría bien probar una.

Alejandra ...

Sofía Y si te da miedo irte al infierno por pecadora, le dices a tu hermano que te absuelva.

ALEJANDRA ...

SOFÍA Perdón. Ya, una sonrisita. Ale, ya.

ALEJANDRA ...

SOFÍA Tranquila. Neta, no estoy mal. Estoy en mis cinco sentidos. Mira, puedo hacer un cuatro sin caerme.

ALEJANDRA Siéntate Sofia, nos están viendo.

SOFÍA Viste, estoy bien. Tengo insomnio. No es mi culpa. Es más, deberías tomarte un par a ver si te relajas o una gota de esta joya en un vaso de agua y dormirás rico rico.

ALEJANDRA ¿Vas a ir a trabajar así?

SOFÍA ¿Así cómo? ¿En fachas?

ALEJANDRA Drogada.

SOFÍA Que no estoy drogada, coño. ¿Por ser actriz tengo que ser drogadicta o qué?

ALEJANDRA Actriz porno.

SOFÍA Mejor aún, actriz con especialidad.

ALEJANDRA Además, no eres actriz.

SOFÍA Lo soy.

ALEJANDRA Como digas, ¿vas a ir a trabajar?

SOFÍA No, ¿por? ¿Querías venir a verme, morbosa?

ALEJANDRA Jamás.

SOFÍA Mi trabajo no tiene nada de malo o ilegal.

ALEJANDRA Contribuyes a la trata de mujeres, a la prostitución infantil y eso es ilegal, amoral, aberrante...

SOFÍA Libertad sexual se llama. Podría darte una cátedra de feminismo, pero francamente me duele la cabeza, no empecemos, ¿quieres?

Alejandra Cuántos pedófilos habrá aquí sentados, frente a nosotras, observándonos. Y el resto de la gente sin saberlo...

Sofía ¡Puf! La pedofilia es otra cosa, es un asunto complicado, no me gustaría estar en los zapatos de un pedófilo. No puedo juzgarlos, no me atrevería... ¿Has pensado en la complejidad del tema?... Si haces caso a tu instinto te conviertes en un monstruo. Y si no lo haces vives reprimido. Me apena su suerte. A los pederastas, a esos sí, que los quemen vivos.

Alejandra No intentes justificar tus perversiones...

Sofía Ya, bájale tres rayas. Encima de que me ofendes, lloras, es el colmo... Pronto me iré Alejandra y te evitaré el dolor de verme así de descarriada jeje. *(Le prepara un vaso de agua con 2 gotas de Rivotril. Alejandra se lo bebe.)*

Alejandra Ya me voy.

Sofía Ni siquiera me has contado porqué te peleaste con tu hermano.

Alejandra Podrías pasarme el contacto de tu amigo, el camarógrafo.

Sofía Sí claro,

Alejandra Dices que trabaja en un periódico.

Sofía Trabaja en la *deep web*, está conectado con muchos medios chonchos. ¿Se puede saber para qué?

Alejandra *(Alejandra toma el vaso con agua y le echa una gota más.)*

Quiero denunciar a alguien.

10

Laura En verano también estaba seco el pasto. No es posible que nada pueda florecer en ese jardín... últimamente las cosas parecen engañarnos, uno creería que si llueve el pasto crece... o que si compras algo caro es mejor. Hoy, por ejemplo, compré este costurero en el Palacio. Ahora que estás en camino, estoy decidida a aprender a coser. Decenas de hilos de colores, 300 pesos. Este costurerito; 300 pesos, y es la cuarta vez que se rompe el hilo. Es que ya no los hacen como antes. Yo no sé si a mi abuela le pasaba igual, o a mi madre, si los hilos con los que cosían también eran débiles... Yo no recuerdo escuchar que se quejaran... Puse hilo doble y no resiste, lo hice cuatro veces y las cuatro se rompió. Podría intentarlo 10 veces más. Si por lo menos en el ojillo de la aguja entraran seis hilos habría esperanza, pero nomás no entran. Tendré que comprar de otra marca y en otro lugar. Debe haber mejores hilos. Ya verás, bebé, lo encontraremos.

11

Bernardo y Humberto. Un confesionario.

Humberto ¿Le gusta el campo padre?

Bernardo Sí.

Humberto Ayer escuchaba la radio, ponían una canción de Jacques Brel - *"Ne me quitte pas"*. ¿Usted sabe francés, padre?

Bernardo No.

Humberto Yo sé que sí.

Bernardo ¿Te conozco?

Humberto Hay días que extraño la ciudad, el ruido de la gente, el humo de los carros, a los chicos del metro, esos chiquillos que no paran de hablar. Pero debo cuidar el rancho de mi familia, desde los 18 cuido el rancho de mi familia... ¿Usted tiene familia padre?

Bernardo Sí.

Humberto Yo también. Mi mamá viene muy seguido a aquí, yo venía de niño ¿No me recuerda? *(Diciéndose a él mismo).* Qué tonto, si no puede verme. Ella, mi madre, me dijo que viniera y como es su cumpleaños... Me dice todo el tiempo: "ve con el padre Bernardo" y yo no le hago caso. Ahora no puedo dormir padre, tengo pesadillas, muchas; sueños que me perturban. Sueño con un niño que me toma de la mano, yo sé que está muerto y eso que nunca he visto morir a alguien, no tengo un familiar cercano que haya muerto. Mi padre nos dejó, pero muerto literalmente, no está... Sólo he visto morir a mis animalitos. ¿Le gustan los niños?

Bernardo Qué?

Humberto No creo que tenga animalitos y lo más parecido a un animalito es un niño. Yo no tengo niños, pero sí animalitos, son tan tiernos, ¿no cree?

Bernardo Sí.

Humberto Se me han muerto gallinas, de forma natural ¡eh! A veces mato marranos o guajolotes, gallinas nunca porque ponen huevos, a mí me gusta el huevo. Como huevo como hambreado. Los huevos pochados me encantan... No es tan difícil matar animales, créame padrecito. Gallinas sí.

Bernardo Hay una cola muy larga hijo, será mejor que empiece.

Humberto ... Ayer por la tarde vi en el cielo...

Bernardo Ave María purísima...

Humberto ... Sin pecado concebido.

Bernardo Dime tus pecados.

Humberto Me he tocado, padre.

Bernardo ¡Qué?

Humberto Me he tocado, ahí abajo y he deseado a quien no debía desear.

Bernardo La masturbación es...

Humberto ¿Usted se ha tocado alguna vez padre?

Bernardo No.

Humberto No mienta, seguro se la jala todas las noches.

Bernardo ¿Perdón?

HUMBERTO Usted también está solo... sabe a lo que me refiero...

BERNARDO No.

HUMBERTO Usted también está solo.

BERNARDO Váyase, por favor

HUMBERTO Escuché todo lo que le decía esa mujer...

BERNARDO No sé de qué me habla.

HUMBERTO Sí sabe. La que salió corriendo y rompió al San Antonio con el tubo de aluminio.

BERNARDO No sé de qué me habla.

HUMBERTO Usted y yo nos entendemos. Padre Bernardo soy Humberto, Beto, el niño al que le cantaba villancicos por las noches... Necesito su perdón padre, usted ya tiene el mío.

BERNARDO ¡Váyase!

HUMBERTO No.

BERNARDO ¡Váyase!

HUMBERTO No. Usted me va a escuchar, he hecho algo muy malo.

BERNARDO ¡Váyase!

HUMBERTO Me va a escuchar, luego me dará 100,000 pesos en efectivo. Nos vemos el viernes en esta dirección *(le extiende un papel).*, con el dinero en mano y ya por último me dará su bendición asumiendo que para ese entonces ya estaré perdonado padrecito.

BERNARDO ¿Y si no?... ¿Y si no, qué?

HUMBERTO Internet, Dios que todo lo ve, lo hará viral.

12

VALERIA Regreso de la universidad y todas las tardes es lo mismo. Ella me odia, en el fondo me odia. Quiere verme gorda. Cómo quisiera librarme de ella. Pero a veces es imposible, está chingue y jode, chingue y jode que termino cediendo. Hago lo que puedo, lo juro. Tiro la mayor parte de comida a la coladera cuando puedo y el resto lo vomito. Les reco-miendo vomitar a la hora del baño, es mejor. Pongo música a todo volumen y ya está. Nadie lo nota porque el agua se lleva el olor, la peste y mi gordura. Odio los fines de semana cuando papá nos visita y viene por mí y... Odio salir de casa porque cuando una es gorda no es agradable salir de casa. La gente te mira, se burla de ti y tú lo sabes. Ser obesa es peor que tener síndrome de Down o ser parapléjico. La gente se burla de las gordas como yo, pero no de los tarados y mucho menos de los parapléjicos. Burlarte de ellos no es correcto, pero de una gorda sí, es más, si llevas una gorda al lado es tu deber moral castrarla por gorda, se lo merece ¡Pinches gordas de mierda! ¡Ballenas traga pitos! Jamás entrarás en una talla cero, Valeria. Ni en tus sueños Kafkianos. Medio culo de fuera. Medio culo de fuera. Maldigo a Dios que me hizo así. Si Dios engordara, cagara y se tirara pedos se habría pensado mejor las cosas. Si Dios fuera mujer se habría pensado mejor las cosas, pero no lo fue. ¡Qué asco! ¡68 cm de cintura! ¡Qué asco! ¿De qué tamaño debes tener la cintura para ser una princesa? ¿Cuánta es la diferencia? Quiero ser perfecta, pero la vida me jode constantemente y no en mis sueños; en mi realidad.

Maldita genética.

13

Diana, Federico y Humberto miran en silencio y con diferente expresión algo que se desplaza por el cielo.

UN CLIC

Diana abre la pantalla del ordenador, la banderita Windows atraviesa el cielo.

Lo contempla. Un mensaje:

VIAJE A ROMA TODO INCLUIDO

Florencia, Venecia, Roma, El Vaticano

POR 75,000 PESOS

NO ESPERE MÁS

DE UN CLIC Y OBTENGA EL VIAJE DE SUS SUEÑOS

ESTÁ HARTO DE SU VIDA DE MIERDA

AQUÍ ESTÀ LA SOLUCIÒN

Da clic.

VOLAR

Federico, tiene diez años, su madre cree que entiende poco de la vida, Federico ni siquiera se cuestiona qué es la vida. Federico vive, corre, aprende, juega, como cualquier niño de su edad, ahora está en quinto año de primaria, este es el último año que sus padres lo enviarán a la escuela, pero esto ellos no lo saben, mucho menos Federico. El próximo año cumplirá los diez y deberá ayudar en los gastos de la casa, aunque ya lo hace, trae dinero para leche, pan y de vez en cuando un trozo de jamón. A los diez, Federico tendrá piernas y brazos fuertes... Porque "a los diez años ya serás un hombre", le dijo su padre cuando cumplió seis y desde entonces Federico espera ansioso que llegue el día... Mientras tanto el pequeño vive, corre, aprende, juega... A veces llora... Mírenlo está volando un papalote azul, de rayas rojas y puntos blancos. Lo desliza por el aire, exhalación de otoño que golpea con dulzura. Federico corre por las calles empinando el papalote, ha invertido toda la mañana en construirlo, palitos de madera, papel de china. No puede dejar de admirar su creación volando por el cielo. Vean la cara de ese niño, esa es la felicidad.

HUMBERTO MIRA LAS NUBES COMO VACAS

Zacualtipán, Hidalgo. Una mañana, pero no cualquiera, un campo verde. Humberto sostiene un huevo entre sus manos, lo observa, lo saborea como si fuera la única comida de su día. En el cielo ve las nubes pasar y en ellas contempla a una gallina, una gallina flotando, sonríe, la gallina se desplaza a algún lugar lejano, tan lejano como podría ser otra galaxia. La gallina está echada, Humberto a pesar de ser miope puede distinguir las manchas en el lomo del animal, las cuenta y el número es siete. Siete, su número de la suerte, la imagen de Marilyn Monroe con vestido blanco se cuela en su memoria y entonces, Humberto vuelve a Sonreír.

14

En medio de la gran ciudad, como se está en medio de los sueños, del mar o en medio de la desesperación, las olas golpean agresivas, dan golpe tras golpe, resuenan muy dentro, muy en el corazón, los latidos de cientos de mujeres y hombres deambulando por las calles, sobre el mar, un mar que más que mar es un océano inmenso que atraganta, que rasga, todos caminan sin ver, con una mordaza, no pueden despertar, los coches son ecos que parecen llanto, niños lloran, derraman su mierda a cada paso, esa es la huella que dejamos todos. Grandes construcciones nos hacen olvidar lo que un día fuimos como especie, no lo vemos, no nos vemos, no podemos ver más que una imagen borrosa de nosotros mismos. "Ne me quitte pas" de Jacques Brel se escucha a lo lejos, muy muy lejos. Quizá sean las entrañas despertando.

15

Gerardo es interceptado por una gitana). Este es uno de esos encuentros memorables.

Gitana	¿Adónde, güerito? ¿Hablas español? ¿Turista! ¡Acércate!
Gerardo	...
Gitana	Sostenlo. Es romero.
Gerardo	No, gracias...
Gitana	Nunca desprecies a una gitana.
Gerardo	Llevo prisa.
Gitana	Dame tu mano izquierda...
Gerardo	Llevo prisa.
Gitana	Dame tu mano *(tomando su mano izquierda a la fuerza.)* mira las líneas, son muy pronunciadas. Tú traes mal de ojo.
Gerardo	¿Cómo sabe?
Gitana	Soy gitana. Tú vienes huyendo. Tendrás un hijo, aunque...
Gerardo	¿Qué?
Gitana	Paga y te digo un poco más.
Gerardo	Con permiso.
Gitana	300 pesos. No es nada.
Gerardo	No traigo.
Gitana	Paga tu suerte.
Gerardo	No traigo. Sí me da permiso.

GITANA Paga tu suerte.

GERARDO *(Le extiende un par de monedas).* Tome.

GITANA La suerte se paga con papel, ingrato. Paga. No querrás una desgracia.

GERARDO ¿Desgracia? Esas le pasan a todos. Hasta a usted.

GITANA A una gitana nunca se le desprecia.

GERARDO Mira, bruja, o como chingados quieras llamarte. Si tuvieras poderes, no estarías en chanclas mendigando unos cuántos pesos.

GITANA (*Le escupe*). Eres de esa gente que carga maldad, de los que le joden la vida a los que llevan cerca, por poquita cosa. Lo vi en tu mano y ella no miente.

GERARDO No me conoce. Hágase a un lado, por favor.

GITANA Esas cosas se traen en la sangre, y tu sangre huele a pus. Tu vida será un martirio rasca perro, casposo. Te casarás con Belcebú, el mis-mísimo demonio y esa mujer te hará cagar espinas, las letras dicen mucho de las personas y tu nombre comienza con E.

GERARDO No.

GITANA Pero lleva una E, en medio o al final, no sé en dónde, pero la lleva con todo y la desgracia. Yo que tú, mejor me daba un tiro en la cabeza. Morirás de viejo, solo y con una capa de orines de 7cm pegada a los pantalones. Esa será tu suerte pedacero.

16

Valeria después de haber tragado como cerda.

VALERIA No lloraré, culpable soy de tragar tanto.

VALERIA/CORO No me auto-lastimo, pago mis fallas.

Seré flaca.

Porque tengo voluntad.

Porque quiero.

Si puedo lograr esto, puedo lograr cualquier cosa.

Porque toda la gente me vea y muera de envidia al verme.

Porque me hace sentir renovada cada día.

Porque no pienso parar.

Siempre he soñado con ser flaca.

Tengo la fuerza suficiente para conseguirlo.

No comeré.

No comeré

CREO EN LA PERFECCION Y LUCHO POR OBTENERLA. Me arrodillaré ante la taza del baño y haré penitencia por mis pecados.

Soy culpable.

Maldita comida.

Cortaré o castigaré mi cuerpo porque nunca es demasiado.

"Mejor muerta k gorda"

"Mejor muerta k gorda"
"Mejor muerta k gorda"
"Mejor muerta k gorda"
"Mejor muerta k gorda"
"Mejor muerta k gorda”.

17

El Taxista está en una habitación o es una sala de ensayos, no lo se. Lo que sí sabemos es que ensaya la adaptación para teatro de "The Rear window" de Alfred Hitchcock. El representa a Jeff, mientras que la voz grabada de una mujer se escucha desde el celular. Ella dice los diálogos de Stella.

VOZ STELLA La condena del Estado contra un mirón es de 6 meses de cárcel.

TAXISTA Lo sé.

VOZ STELLA Y en la cárcel no hay ventanas. En el pasado les sacaban los ojos con unas pinzas al rojo vivo.

TAXISTA Lo que miro a través de la ventana, vale las pinzas al rojo vivo, créeme.

VOZ STELLA Vaya. Nos volvimos una raza de mirones. Lo que la gente debería de hacer es salir de su casa y buscar un cambio. ¿Qué le parece mi filosofía de partido de izquierda?

TAXISTA Reader Diggest, abril, 1939.

VOZ STELLA Me gusta citar lo mejor. Yo debería haber sido una gitana adivina; intuyo los problemas, los huelo enseguida.

TAXISTA ¿Percibió la caída de las Torres Gemelas en el 11/11?

VOZ STELLA Por supuesto y también puedo percibir los problemas en este apartamento. Primero se rompe una pierna y luego mira por la ventana. Y ve cosas que no debe; problemas. Puedo verlo diciéndole a la policía: "Era solo una diversión inocente. Observar a mis vecinos es un acto de amor al prójimo".

TAXISTA Soy un espectador de ventanas, lo admito. Te parece enfermo querer saber qué pasa con esas ventanas que están frente a la mía. Me gusta ver el mundo y a su gente. El ser humano hace cosas en privado que no explicaría en público. Es un mundo secreto y privado. Interesante, ¿no?

VOZ *STELLA* Me pregunto si es ético espiar a la gente con binoculares y lentes de largo alcance. Imagina lo que podrías encontrarte.

TAXISTA Ruego por encontrar.

VOZ *STELLA* Imagina que ves un crimen. Un asesinato o algo por el estilo.

TAXISTA Un asesino nunca mostraría su crimen frente a una ventana abierta. Probablemente pase algo aún más siniestro detrás de esas ventanas cerradas. No lo había pensado. ¿Cómo empiezas a cortar un cuerpo humano? ¿En la bañera? Nadie deja abierta la ventana de una bañera. Sería una forma bastante obvia y estúpida de matar a alguien delante de 50 ventanas, claro y luego el asesino se sienta a fumar esperando que la policía lo capture, ya lo creo...

VOZ *STELLA* Me está empezando a preocupar...

TAXISTA ...

VOZ *STELLA* Me escuchó. Me está preocupando. Voy a ponerle cortinas a mis ventanas.

TAXISTA Deberías cerrar tus redes.

VOZ *STELLA* ¿Qué?

TAXISTA Si te preocupa deberías cerrar tus redes. A los vecinos les importa si algún vecino vive o muere; a tus *followers* no. Vivimos en casas de cristal. El fundador de *Twitter* declaró que su mayor enemigo es el sueño. Hay una fascinación por mirar las vidas ajenas. es inevitable no sentirnos desilusionados de nuestra propia vida, después de ver tanta gente y comparar, creemos que nuestra vida es la peor. Es un espejo distorsionado. No hay peor soledad que la soledad rodeada de gente. Quizá a ningún humano le importa si otro vive o muere.

18

Ésta es la casa del Señor. Una sacristía. Bernardo abre un closet. Saca su sotana, una hostia y un sobre.

BERNARDO Señor, señor, tú sabes de nuestras necesidades padre nuestro, *"perdona nuestros pecados como nosotros también perdonamos a los que nos ofenden, no nos dejes caer en tentación y libranos del mal"*. Señor, tú eres bueno, siente nuestras necesidades. Escúchanos sin juzgar... *(A la par que dice esto, Bernardo toma el sobre, del sobre unas fotografías, mismas que esparce en el suelo. Y mientras con una mano toca su pene, con la otra observa fijamente una de ellas, es el cuerpo de un niño desnudo. Placer y culpa. No quisiera estar en sus zapatos. Entra Alejandra.)*

ALEJANDRA Bernardo, no te imaginas lo que ...

(Largo silencio.)

ALEJANDRA **NO** ME TOQUES.

BERNARDO ...

ALEJANDRA ¿Quién eres realmente...?

BERNARDO Alejandra. Déjame explicar...

ALEJANDRA **NO** ME TOQUES.

BERNARDO Cálmate.

ALEJANDRA Me das asco.

19

Serie fotográfica. Aquí plasmo la primera imagen. Imagina diez más. Cada una será más "aberrante" que la anterior.

Foto 1: Bernardo de pie, trae puesta la sotana. Ojos cerrados como cuando alguien reza, migajas de hostia caen beatamente sobre su pecho desnudo, desnudo y sudado. De sus labios rosa caen migajas también. Bajo él, un niño prendado a sus genitales, la imagen pura de santidad.

Foto 2: ... *Cada una será más "aberrante" que la anterior... Imagínala...*

Foto 3: ... *más "aberrante" que la anterior... Imagínala...*

Foto 4: ... *más "aberrante" que la anterior...*

Foto 5: ... *más "aberrante" que la anterior...*

Foto 6: ... *más "aberrante" que la anterior...*

Foto 7: ... *más "aberrante" que la anterior...*

Foto 8: ... *más "aberrante" que la anterior...*

Foto 9: ... *más "aberrante" que la anterior...*

Foto 10: ...

¿Te fue posible imaginarlas?

20

Juana enumera nombres de ciudades mientras ve un mapa. Federico limpia la ventana de su casa, es una ventana pequeña, desde ahí puede ver la luna. Federico no quiere limpiar, está enojado, sin embargo, lo hace. Así es la vida.

JUANA Roma

Francia

Italia

Praga

Budapest

Alemania

Estados Unidos

Japón

Inglaterra

Alemania

Terminas y vas con el padre Bernardo. Hazle los mandados que necesita, que te pague, eh. Es tan bueno con nosotros. Siempre ayudando a los necesitados... Ve, hijo y si te ofrece pan o bolillos, los aceptas, que son para tus hermanas. No hay que ser malagradecidos.

21

Texto escrito en una proyección.

GLOSARIO

– Ana: Persona con anorexia.

– Mia: Persona con bulimia.

– Ana Wannabe: Persona que no posee anorexia, pero desea tenerla.

– Bulimioréxica: Que alterna periodos de anorexia y bulimia.

– Mía restrictiva: persona con todas las características de una bulímica pero que también ayuna y restringe comida.

– Ana Purgativa: Anoréxica que, aunque no suele hacerlo, vomita en caso de excederse o de ser obligada a comer.

– Pro-Ana/Pro-Mia: a favor de los E.D.

– E.D.: *eating desorden* (desorden alimenticio, D.A.).

– *Self-injury*: automutilación.

– *Thinspiration:* Inspiración de alguien delgado o anoréxico que nos da fuerza.

– Ortorexia: obsesión por los alimentos sanos.

– Bipolaridad: Su búsqueda no produjo resultados.

– Fase Maniaca: Su búsqueda no produjo resultados.

– Fase Depresiva: Su búsqueda no produjo resultados.

– Trastorno Obsesivo Compulsivo: Su búsqueda no produjo resultados.

– Ataque de pánico: Su búsqueda no produjo resultados.

– Suicidio: ...

22

DIANA Limpia bien la ventana, te lo pido por amor de Dios. ¡Mira qué manchas! ¡No entiendo! Los negros saben limpiar. Tú eres negra Juana, no entiendo qué está fallando en la ecuación. Hazlo como se debe.

JUANA Será que soy mitad negra, mitad asiática y un cuarto, mexicana.

DIANA No me cuadran tus números, pero para acabar pronto eres negra Juana, los negros son negros y los blancos, blancos y tú estás más prieta que un bollo pasado de tueste. Estaré vieja pero daltónica no soy.

JUANA Yo creo que daltónica si está mi señora, con todo respeto. Me tiene aquí fregando día y noche el ventanal de lunes a viernes, todos los días del año. No sé qué más quiere que limpie, si limpio está. Y con todo respeto ya estoy harta de tener que limpiar lo mismo a diario y súmele su bla, bla, BLA. Me aturde. Tanta pinche ciudad me aturde.

DIANA Pues te amuelas, que para eso estás. ¿Sabes dónde está la Catedral de San Marcos?

JUANA Sí

DIANA ¿Y la de Milán?

JUANA Sí

DIANA Cuándo esté ahí, te voy a mandar una foto a tu correo. Porque tienes correo, ¿verdad, Juana?

JUANA ¿Usted se ha preguntado, si alguna vez yo he ido de vacaciones?

DIANA No, no es mi asunto.

JUANA Tampoco es mi asunto a dónde viaja, ni con quién se acuesta si es que aún le suda el chocho...

DIANA ...

JUANA Claro que no me interesa lo suyo, ni a usted lo mío, cómo una negra querría vacaciones, ¿verdad? ¿Salir de paseo? Los negros no vacacionan. Los negros no tienen familia. Los negros no necesitan descanso. Los negros no toman el sol, si ya están bronceados ¡Qué puta necesidad! ¿Pa' qué? ¿Pa' qué querría un negro ir de *shopping*, entrar al Liverpool y comprarse una buena blusa con el escote hasta acá y unos jeans levanta culos? Por si no lo sabe, mi señora, en África no toda la gente es negra y la gente negra también es mexicana. Y por si se pregunta, en mi casa también hay papel higiénico y *fucking* lavadora...

DIANA No me hables en tu idioma que no entiendo.

JUANA Mi idioma es este, el mismo que habla usted. Cree que conoce mucho el mundo porque lo mira todo desde ese aparato. Usted cree que sabe mucho, pero en realidad no sabe nada, ese es el problema de los ricos; su falta de cultura, nomás no intuyen que existe un mundo más amplio del que traen de frente.

DIANA Insolente.

JUANA Dicen que la verdad no peca, pero incomoda harto.

DIANA Estás despedida.

JUANA No puede despedirme. Estoy avalada por... el sindicato.

DIANA En este país Juana. No me hagas reír.

JUANA ...

DIANA Ay Juanita, qué ingenua.

23

En medio de la gran ciudad, como se está en medio de los sueños, del mar o en medio de la desesperación, las olas golpean agresivas, dan golpe tras golpe, resuenan muy dentro, muy en el corazón. Grandes construcciones nos hacen olvidar lo que un día fuimos como especie, no lo vemos, no nos vemos, no podemos ver más que una imagen borrosa de nosotros mismos. "Ne me quitte pas" de Jacques Brel se escucha a lo lejos, muy muy lejos. Quizá sean las entrañas despertando.

24

Helena, con <H>, como la de Troya y Diana. Helena viendo el celular todo el tiempo. Mirándose.

DIANA Los negros no tienen derechos, se lo dije.

HELENA Estoy totalmente de acuerdo.

DIANA Los negros son/

HELENA Negros.

DIANA Resentidos sociales.

HELENA Muy cierto.

DIANA Nacieron preparados para las tareas pesadas y toscas.

HELENA No les da asco la suciedad, como ésta.

DIANA No.

HELENA Jajaja con esa cara de pedo atorado te pareces a Juana.

DIANA Oye, hay niveles.

HELENA Perdón, perdón, es que me da asco verte fregar el baño. Es lo único malo de que hayas corrido a esa negra.

DIANA Ya me conseguiré otra, en la Narvarte hay por montón. A la nueva le pagaré menos, 200 pesos menos.

HELENA Eso es de mala persona, estaba bien pagada. Debió agradecer que le dieras trabajo. La gente es tan ingrata.

DIANA Dios la va a castigar.

HELENA Tanto niño muriendo en África y está de altanera, pero te veo de buen semblante a pesar del numerito con tu criada.

DIANA Vino Humberto. Nunca viene y...

HELENA Te dará el dinero para el viaje.

DIANA Me lo iba a dar. Estábamos comiendo y de la nada, como vaca sin cencerro, se fue. Creo que salió a su padre. Va a acabar chifado el pobre.

HELENA Qué mal. ¿No les vas a decir a las del club que no tienes para el viaje o sí?

DIANA ...

HELENA ...

DIANA ¿Y cómo está Valeria? Tiene mucho que no la veo. ¿Cuándo sale de la universidad?

HELENA Ya salió. Está trabajando como editora de una revista. Le va increíble.

DIANA Qué gusto, salúdamela cuando la veas. Tan guapa mi niña. Enséñame una foto, anda.

HELENA Acabo de borrar todas las fotos de mi cel. Ya no había espacio...

DIANA ¿Y sigue igual de delgadita?, porque una con la edad... ¡Míranos! Tan delgadas que éramos y ahora... *(Mira una cámara de seguridad de la entrada de la casa).* Hablando de esa... Ahí viene la negra con su escuincle.

HELENA ¿Qué querrá?

DIANA Volver, que más.

HELENA Mejor para ti, ya no estamos en edad de hacer quehacer.

DIANA Nunca hemos estado en edad de esas cosas.

HELENA Te dejo. Ya llegó mi taxi.

DIANA ¿Cómo así?

HELENA Está afuera. Me está marcando. Lo siento. Pero hablamos. Saldré por el despacho. No quiero toparme con tu criada.

25

Humberto sostiene una gallina entre sus dedos, se graba con el celular.

HUMBERTO La soledad es el momento en que uno puede ser quien es, cuando estás solo puedes hurgar en tu entrepierna, olerte los dedos, tirar basura y sabes que no serás descubierto, en la soledad puedes sacarlo todo, lo más asqueroso y vil de ti, tus mayores perversiones, en soledad surge el instinto animal, tus necesidades básicas: matar para comer, poseer por placer; todo esto suscita la soledad. Las vacas son muy mansas. Las vacas se dejan tocar, dejan que les metas la verga de forma violenta, mugen, pero no se sienten mutiladas, sienten el placer, no lo piensan, no lo juzgan, solo sienten. El ser humano ha perdido las ganas de sentir, el contacto. Cogerte a una gallina es de lo más placentero. No pongas esa cara. No pienses que en un culo pequeño no cabe tu miembro, no intelectualices. La naturaleza encuentra sus formas. La apariencia engaña. El culo de una gallina es más grande que el de un ser humano, por eso dan huevos y los comes y piensas que los huevos grandes son los mejores, pero no piensas de dónde salen, no piensas en su culo, yo sí. Yo pienso en todo, pienso en su satisfacción y la siento, siento su cariño y su agradecimiento. Ellas saben ser agradecidas, no como nosotros. Las gallinas te siguen. Van detrás de ti, siempre detrás de ti. Eso es lo que hago en soledad. Marilyn es mi favorita, Marilyn Monroe, le puse por lo coqueta y lo rubia. Los seres humanos no somos capaces de soportar el placer ajeno, ¿verdad? El placer de entregarte a todo.

(Oscuro. Escuchamos a la gallina gemir.)

26

Sofía lee el siguiente texto desde la pantalla de un ordenador. Para la escena puede aparecer proyectado.

Les recordamos:

NO podrán ingresar personas claustrofóbicas,

Ni con algún tipo de enfermedad cardiaca,

O respiratoria.

Los menores de edad no están destinados a ver esto. Desnudez fuerte, pornografía, violencia extrema, muertes extremadamente violentas, lenguaje ofensivo, derramamiento de sangre, gore extremo, imágenes intensas frecuentes, escenas intensamente fuertes, insultos intensos, alcohol, drogas y tabaco.

El contenido de este sitio podría resultar perturbador a ojos u oídos

sensibles.

Queda estrictamente prohibido el uso cualquier aparato de vídeo o

fotográfico.

Lo que usted está a punto de ver, bajo ninguna circunstancia podrá

ser grabado.

El cupo máximo de invitados es de -- personas.

Al ingresar, cada uno de ustedes tomará un lugar, encenderán

el monitor y se

dispondrán a vivir la experiencia.

No podrán ser vistos ni escuchados.

Siéntanse libres, en esta red.

Nuevamente, bienvenidos. Espero que disfruten.

Iniciemos.

Sofía ¿Qué te parece? Así empieza la escena. Quiero que esto lo lean desde que se conecten, incluso puede permanecer unos minutos antes, en lo que inicia la transmisión. Luego canto *"Ne me quitte pas"* y...

Camarógrafo *"Ne me quitte pas"* ¿Porque *"Ne me quitte pas"?*

Sofía Me gusta, de ahí...

Camarógrafo Está chido el toque de poeta maldita que tienes, pero...

Sofía Supongo que es un cumplido, gracias.

Camarógrafo ¿Estás segura?

Sofía Totalmente.

Camarógrafo Si es por dinero, yo...

Sofía No es por dinero. Entonces, canto *"Ne me quitte pas"*, sigo con lo habitual y ahí termina.

Camarógrafo ¿Ahí termina?

Sofía Sí. Para ese entonces ya estaré totalmente sedada, La *Burundanga* es muy fuerte. Necesito una hora para que haga efecto. Si la tomo correctamente no habrá problema. No tengas miedo ¿Tienes otra duda?

Camarógrafo ¿Qué hago después?

Sofía ¿Después de qué?

Camarógrafo De que haga efecto, ¿qué quieres que haga contigo?

Sofía Tú, nada. Llega el comprador. Tomas el dinero. Te vas. Y lo que sigue ya no es tu asunto.

Camarógrafo Ya no es mi asunto.

Sofía Exacto.

(Largo silencio.)

Camarógrafo Te excita saber lo que te harán...

Sofía No lo pienses. Es una buena lana para ti, ya está.

Camarógrafo No sé si pueda.

Sofía Sólo prendes la cámara, haces la transmisión como siempre. Llega el comprador, recibes el dinero y te vas. No veo lo complicado.

Camarógrafo Te matará antes de... o después de...

Sofía No es tu asunto

Camarógrafo No es mi asunto. ¿Y si preguntan por ti?

Sofía Nadie me buscará. No tengo familia, soy actriz porno, parezco *yonqui* y a los medios les gusta que a las putas y a las *yonquis* nos pasen estas cosas. Aunque no sea puta ni *yonqui*. ¿Tú crees que a los periódicos les va a importar que hablo tres idiomas, que tengo tres carreras?, truncas, pero las tengo, ¿y una cuenta bastante grande en el banco? Verán el morbo y lo perverso de este asunto, a sus ojos, porque es el acto más grande de amor. Fundirte en otro, aunque sea un desconocido es el acto más grande de amor. En estos tiempos "a nadie le importa si su vecino vive o muere", mucho menos les va a importar alguien que no conocen.

Camarógrafo A mí me importas.

(Silencio incómodo.)

SOFÍA Desde niña, cada noche le pedía a Dios que esto ocurriera. Quiero ser comida por alguien, estar dentro de alguien, ser parte de él...

(Largo silencio.)

CAMARÓGRAFO *"Ne me quitte pas"*

SOFÍA Sabes, cuando la escucho siento el deseo de ser devorada por alguien.

27

En la boda, a Laura se le nota un poco el embarazo. Intenta disimular. Ya casi tiene 3 meses. Laura suena una copa con un cubierto. Se dispone a dar un discurso.

LAURA Preparé unas palabras, para este día tan especial.

(Lleva una hoja enrollada en las manos, la abre para leer.)

Para ser un verdadero hijo de puta no necesitas ser boxeador.

Ni conmoverte con nada.

No ver.

No tocar, no saber hacerlo con todo lo que implica tocar con todo.

(*Deja la hoja y sigue el discurso.*)

Para ser un verdadero hijo de puta hay que ser inmune al dolor ajeno.

Hay que auto-prohibir el llanto.

Y el amor.

Dejar de escuchar.

Le dije que no quería tenerlo.

Quise explicarle que era lo mejor, que ya vendrían más.

"Me lo dijo el horóscopo".

Contesté cuando me dio el primer putazo.

Pero estaba tan hinchada. Putazo tras putazo, año tras año, estaba tan hinchada que no sé a dónde dio.

La literalidad no va conmigo, aunque no lo parezca.

No necesitaba su puto puño hundiendo mi mandíbula.

No necesita tu puto puño reventando mis orejas.

No necesitaba tu puto puño de no te quiero.

No necesitaba tu puto puño de no te cojo.

No necesitaba tu puto puño de no te deseo.

No necesitaba tu puto puño de no me interesas.

Jódete, jódete, jódete.

No necesitaba tu puto puño. Cadenas de putazos eso es lo que necesitaba para soltarte...

El cuerpo lo traía lleno de hematomas, hinchado, reventado de carencias.

No te marco, no tengo tiempo.

No te escribo, no tengo tiempo.

Como una idiota miraba el celular.

La pantalla de mi iPhone se convirtió en mi compañera.

"Todo el día, pegada al teléfono", me decía, "Todo el día". "Ya cánsate y haz algo, todo el día".

Para buscarte hijo de perra, para eso también sirve el celular.

Y me volví tu sombra.

La sombra de tu sombra.

Incluso teniéndote cerca.

Un autoengaño, un mundo de ficción.

Ojalá el *Black Mirror* llegara mañana.

Y pudiera comprarte como trozo de carne plastificada.

Plástico con tu pelo.

Tus ojos.

Tu boca.

Tus cachetes.

Tus nalgas flácidas.

Plástico como sólo tú sabes serlo.

No me haré más responsable de tus erecciones.

¿Tu falta de cariño y de arrebato es la materia prima con la que cocinas?

Pues trágatela.

Trágate tu mierda pútrida.

Para eso también sirve el celular.

Y la tecnología.

Y el *Black Mirror.*

Para desaparecer todo lo que odiamos.

Incluso de nosotros mismos...

Esto es Disney World.

El real.

Quería sonreír.

Y sonrío.

... Porque somos incapaces de mirarnos cuando nos tenemos a la cara.

...

(Dice Laura y se arranca la faja que comprime su vientre. Acto seguido se va.)

28

TAXISTA Le juro que no recuerdo su nombre, podría ser Davis Jackson o Mikel Kevins, sólo sé que sonaba a actor porno.

HELENA Mmm.

TAXISTA ¿Un cigarro?

HELENA No fumo, gracias.

TAXISTA Hace bien, la gente que fuma se distiende, y eso es malo ¿Sabe que es distenderse?

HELENA No.

TAXISTA Inflamarse, estar empachado, con flatulencias, con pedillos. Es terrible.

HELENA Ya, pues no.

TAXISTA Nada que el olor de un cigarro no tape. Mi mujer se enoja mucho, dice que no debería tocar estos temas con desconocidos, pero usted no es una desconocida, desde que se sube al auto ya no es una desconocida, mantenemos una relación laboral, sí, yo trabajo para usted. Usted se beneficia de mis servicios y yo de su dinero. Nos necesitamos uno al otro como los churros al chocolate. Intento explicarle eso a mi mujer, pero ella no entiende, es del sur y en el sur no se precian de ser muy listos; por eso no entiende la compleja conexión que tenemos los taxistas con el pasajero. Apenas pone un pie dentro del auto, inicia la magia, es como el teatro. ¿A usted le gusta el teatro?

HELENA Nunca he ido.

TAXISTA Debería. Tome. La invito a esta obra, es mía. Bueno, no mía. Yo actúo ahí, soy el protagonista.

HELENA Gracias.

TAXISTA Bueno, pero entiende lo que le explicaba de que hay una fuerte conexión. Porque hay una fuerte conexión. Pasar una hora en medio del embotellamiento, cruzar la ciudad de un punto a otro... vaya que es algo fuerte. Recorremos un camino juntos, sobre baches, piedras, arena, uno que otro pendejo que se atraviesa de la nada y mire que esta ciudad está llena de eso... y un espacio tan reducido como este Tsuru, como no olernos.

HELENA No entiendo.

TAXISTA Me gusta su perfume.

HELENA No uso, soy alérgica.

TAXISTA El natural. Todos desprendemos un humor natural, depende de la piel, de lo que comes y bebes. Estoy seguro que desayunó jugo de naranja en la mañana, un *expresso* y pan con aceite de oliva, tomate y una pizca de ajo...

HELENA ¿Cómo sabe?

TAXISTA Por su olor.

HELENA Son las siete de la noche...

TAXISTA Podría decirle cual fue su comida...

HELENA Déjelo así.

TAXISTA ...

HELENA ...

TAXISTA ...

HELENA ¿Por qué no tomó Reforma?

TAXISTA Prefiero callejonear. El tráfico sobre Reforma a esta hora es terrible.

HELENA Debió preguntarme.

TAXISTA No creí que fuera necesario, cualquier persona con un dedo de frente prefiere evitar el tráfico.

HELENA Debería hacerle caso a su mujer y no ser tan confianzudo con sus clientes...

TAXISTA ...

HELENA ...

TAXISTA Así que usted trabaja en el Motel.

HELENA Yo nunca dije que trabajaba en el Hotel Aranjuez.

TAXISTA Ah ya, entonces va a una cita con su cachanchán.

HELENA ...

TAXISTA No se apene, todos hemos pisado un motel. A su edad, seguro habrá pisado bastantes.

HELENA Nunca dije que me llevara al motel, dije, "déjeme en la entrada del Metro Viaducto".

TAXISTA La que está junto el motel, eso dijo.

HELENA Hotel Aranjuez, dije.

TAXISTA Normalmente eso decimos cuando vamos a un motel y no tenemos auto, tomamos un taxi y decimos: "lléveme al edifico tal que está junto al motel" o decimos: "déjeme en la iglesia de San... la que está frente al Motel". Tan fácil sería decir: "déjeme en la entrada del motel". Es más, si quiere la dejo en la entrada, es más seguro.

HELENA Voy al metro. En realidad, voy a la Iglesia, pero quiero bajarme en el metro. Bueno, a usted que le importa.

TAXISTA Es por hacer plática.

HELENA ...

TAXISTA Maik Uater.

HELENA ¿Qué?

TAXISTA Así se llama, ya recordé, el boxeador del que le hablaba. Debería ver la pelea, es contra Conor. Sí puede hágalo, será memorable. Un Boxeador Negro, casi como un mexicano, peleando contra un irlandés de artes marciales mixtas. Esas batallas no se ven todos los días. No debió desayunar ajo, tampoco comer carne roja, no si planea una noche intensa, en caso de que la planeara, dicen que es muy fuerte. Un chocho que huele a ajo, debe ser cosa seria.

HELENA Bájeme aquí.

TAXISTA No.

HELENA ¡Abra la puerta! ¡Oiga, abra la puerta!

TAXISTA Le dije que nos conocíamos.

Seguros del auto abajo...

29

VALERIA Qué, ¿por qué me filmo?

Filmar escenas de anoréxicas en hospitales o en la calle no refleja lo crudo de esto.

Lo peor de mi vida es esto, mi verdadero drama es este.

Comer y luego vomitar.

A veces sólo hago eso, en todo el día.

Comer y luego vomitar.

Por eso me filmo, para que otras chicas me vean, se asusten y no

se conviertan en una mierda como yo. Quizá hasta yo me asuste al verme.

Creo que sólo tengo esto; mi obsesión.

No tengo nada en esta vida, ni familia, ni amigas.

A duras penas y veo a mi madre.

Desde que deje la carrera ella no quiere verme, ella dice que no, pero sé que la avergüenzo.

Sólo tengo a mis libros.

No quiero ver a nadie y nadie quiere verme a mí.

Esto es lo único que me queda.

No tengo nada, solo esto:

Mis libros y la puta comida.

Maldita comida.

Mierda. Mierda.

Ahora a beber tres litros de agua y a vomitar.

Esta enfermedad es un monstruo, un monstruo dañino.

Un animal dentro de mí.

Un insecto que me transforma en algo que no soy.

30

Bernardo y Humberto. Bernardo le entrega el dinero a Humberto.

HUMBERTO Quédese tranquilo, padre, esta boca estará cerrada; al menos por un tiempo.

31

CAMARÓGRAFO Tienes que tener muy claro lo que estás haciendo, después no te puedes echar para atrás. Puedo acceder a sus cuentas, correos, redes sociales, todo. Pero una vez que tenga el material, no te puedes echar para tras.

ALEJANDRA No pienso hacerlo.

CAMARÓGRAFO Ya me ha pasado otras veces y no hay retorno, te lo advierto.

ALEJANDRA De verdad no pienso hacerlo.

CAMARÓGRAFO Su cabeza va a rodar, ¿lo sabes?

ALEJANDRA Por eso estoy aquí y no en la policía. Quiero que todo el mundo se entere. Que ningún niño vuelva a pasar por esto.

CAMARÓGRAFO ¿Te consta que es un violador de menores?

ALEJANDRA Es un pervertido, tenía las fotos y... yo lo vi.

CAMARÓGRAFO Quizá sólo los desviste.

ALEJANDRA ¿Y eso lo hace menos cerdo?

CAMARÓGRAFO Yo solo te pongo el mapa, las posibilidades.

ALEJANDRA Ok.

CAMARÓGRAFO A ver, vamos a dar por hecho que es un violador. Exponemos el caso en redes, ¿sabes lo que va a pasar cuando la gente se entere?

ALEJANDRA ...

CAMARÓGRAFO Se va a indignar.

ALEJANDRA Eso espero.

CAMARÓGRAFO Van a pensar en su familia, en todo el tiempo que han convivido con el padrecito, en los domingos escuchando sus sermones, en las hostias que han recibido de su mano, en las veces que se ha sentado en sus mesas, asistido a sus fiestas, pensarán en sus hijos, ¿tú tienes hijos?

ALEJANDRA No.

CAMARÓGRAFO Pensarán en ellos, en sus hijos, en las veces que tu hermano ha estado cerca de esos pequeños. Recordarán algún instante en el que Bernardo los haya tocado, por mínimo que haya sido ese roce. La posibilidad los desquiciará, cómo puede un padre vivir con eso. Y en el peor de los casos, reconocerán en esas fotos la imagen de alguno de sus niños o no, da igual. Irán a la iglesia, con palos y machetes y ¿sabes lo que va a pasar?

ALEJANDRA ...

CAMARÓGRAFO Lo van a linchar. Sé de muchos a los que han quemado vivos.

ALEJANDRA ¿Qué intentas decirme?, ¿que no haga nada, que me quede callada?

CAMARÓGRAFO Yo sólo pongo las posibilidades. Es tu hermano.

ALEJANDRA Ya no.

CAMARÓGRAFO La sangre es la sangre.

ALEJANDRA No tiene nada que ver.

CAMARÓGRAFO Tiene todo que ver. Estás entregando la cabeza de tu hermano, sólo quiero que te quede claro.

ALEJANDRA ¿Tú tienes hijos?

CAMARÓGRAFO Sí y también hermanos, por eso lo digo...

ALEJANDRA ...

CAMARÓGRAFO Entonces, ¿qué hacemos?

32

Cómo preparar un delicioso CALDO DE GALLINA:

En una olla con suficiente agua, cocina a fuego alto la **gallina** , poro cortado en medias lunas, cabeza de ajo cortada por la mitad, cebolla, apio, laurel, tomillo, orégano, sal y pimienta.

Pasados 5 minutos, baja el fuego y cocina tapado por dos horas y media. Una vez listo retira cebolla, ajo, hierbas y apio. En una cacerola cuece arroz con las 2 T. de agua y un poco de sal. Agrega el arroz y garbanzos al caldo, deja cocinar por un minuto y apaga, deja tapado. Sirve en plato sopero con cilantro, cebolla, limón y chile. Recuerda utilizar productos ecológicos promoviendo, desde el hogar; hábitos de vida y alimentación saludables.

32.1

DIANA Betito, no veo la necesidad de invertir en más ganado. La gente ya no quiere comer carne. Se han vuelto raros como la hippie de tu prima, "vegana" "vegetariana". Raritos. Yo creo que deberíamos vender el rancho y con ese dinero irnos a viajar por toda Europa y comprar una casita por allá... ¿Qué opinas Betito...? ¿Betito? Te estoy hablando.

HUMBERTO No me llames Betito por favor.

DIANA Pero si así te llamas, Betito.

HUMBERTO Humberto.

DIANA Malagradecido, cuando me muera y no tengas mis cariños te revolcaras como cerda chillona, así le paso a tu a padre cuando murió tu abuela, que en paz descanse y ve cómo terminó, peor que un bebé destetado. Me lo recuerdas tanto, todo grande y escurrido, pero viril, siempre viril...

HUMBERTO Mamá basta, estamos comiendo.

DIANA Te gustó el caldo, lo hice especialmente para ti.

HUMBERTO Está rico.

DIANA No hables con la boca llena, Betito. No frente a mí. Modales hijo, esa es la herramienta principal con la que te criamos ... ¿En Europa hablan inglés? Creo que debería inscribirme a un curso. Dame dinero para el curso, Betito.

HUMBERTO Primero sus medicinas, ahora el curso, luego qué, va a querer aprender a patinar.

DIANA No estaría mal.

HUMBERTO Usted lo que quiere es irse a viajar con ese dinero.

DIANA No es verdad. Y si lo fuera sería un viaje necesario.

HUMBERTO No me diga.

DIANA Necesito encontrar la cura a mi enfermedad.

HUMBERTO ¿Cuál enfermedad?

DIANA Mi osteoporosis, Betito. Dijo el médico que, si no me opero, el día menos pensado me resbalo en la bañera y de ahí no me paran. Es una operación tan complicada que nadie la hace en el país.

HUMBERTO Nadie.

DIANA Ya ves cómo son de inútiles aquí. ¿Quieres tener por madre a una paralítica?

HUMBERTO No exageres, mamá.

DIANA Las desgracias pasan, Betito. Parir un hijo es la perdición, las secuelas de esa tragedia persisten. Abrirte la cadera como un melón para sacarte las semillas eso es lo que padecemos las madres. ¡Crack! Escuchas como truena por dentro, ¡crack! Así troné el día que te traje a este mundo, mal agradecido.

HUMBERTO No necesita aprender a hablar inglés.

DIANA ¿Entonces?

HUMBERTO Tu español te vale.

DIANA Ya estoy harta de tener que hablar el mismo idioma siempre. Vámonos a Cancún por lo menos.

HUMBERTO En Cancún hablan español, mamá.

DIANA Mentira, hablan inglés, me dijo Helenita que hablan inglés.

HUMBERTO ...

DIANA ¿Por qué nunca sueltas un clavo? Todo lo he tenido que pedir a préstamos. La pensión de tu padre no me alcanza para mantener mis lujos. Me hago vieja Betito y no conozco El Vaticano más que en *Google*.... Tacaño, igual que tu padre. Te advierto, Beto, que, si no me das el dinero, vendo el rancho con o sin tu consentimiento. Ya fui a hablar con el Notario...

HUMBERTO Te voy a dar el dinero, mamá.

DIANA Eres el mejor hijo que el Santísimo me pudo dar, siempre lo he dicho Betito. ¿Y cuándo me lo depositas? Porque el tiempo apremia.

HUMBERTO Humberto, mamá.

DIANA Mi niño grande.

HUMBERTO Traigo el dinero en la mochila.

DIANA Bendito, Dios. En efectivo. Prefiero el efectivo. Lo guardo en el colchón y así el mendigo banco no se chinga mis intereses. Te has ganado el cielo hijo mío. Le voy a hablar a Helenita... ¿Te sirvo más, corazón?

HUMBERTO Bueno. Muy rico el caldo.

DIANA Lo hice especialmente para ti. Mandé a traer con la criada, antes de que la echara de mi casa, una gallina del rancho. Agarró una muy güera, le dije que fuera prieta que son las que sueltan más jugo, pero ya ves como era de estúpida. Lo bueno es que te gustó el caldo, mi amor.

33

Mail de una madre a su hija anoréxica, mientras, ve una foto de ella en Instagram.

VALERIA Tú y yo fuimos unidas.

Ahora, ya no tenemos nada que compartir.

Primero soporté tu anorexia. Luego tu bulimia, ¿qué sigue?

Preferí inventarte una nueva vida. Te imagino bien, feliz y eso me da tranquilidad, paz. Escribo mails imaginarios donde hablamos. Me cuentas tu día. Yo te cuento el mío. Allí eres todo lo que no lograste ser: una editora exitosa, una mujer "normal"; tienes trabajo, amigas, un novio. Ahí eres feliz Valeria. En mi imaginación.

En la foto, Valeria, con 33 kilos y 45 cm de cintura.

34

GERARDO Seré un buen padre, las nubes no mienten, seré un buen padre en mi próxima opor-tunidad, a la próxima Laura la amaré como nunca he amado a nadie. Me iré a vivir al campo. Tendré una casa y construiré un huerto donde pueda sembrar frijoles. Yo nun-ca quise ser abogado, pero mi padre era abogado, ¿qué me quedaba? Ahora voy a sembrar frijoles. Siempre quise ser agricultor y sembrar frijoles. Veré crecer las plantas y veré crecer a mi familia, quiero envejecer con mi futura Laura y en cada línea de su cara ver mis propias líneas y decirle te amo en cada amanecer, escribir nuestros nombres con crayolas de colores sobre la ventana como lo hacen los estudiantes, aunque ya seamos muy grandes para eso; y hacerle el café y llevarle el pan cada mañana y coser su saco cuando le falte algún botón y acompañarla cuando se gradúe de aquella carrera que siempre quiso estudiar y que no fue capaz de hacer antes porque cuando uno es joven, no tiene puta idea de qué querrá hacer por el resto de su vida y uno tiene que elegir y elige mal, porque así es la vida y cuando eso pase sabré que el recorrido fue dichoso, incierto pero dichoso. Dejaré el box, no volveré a golpear un vientre fértil, lo juro, ni uno no fértil, no volveré a golpear a nadie, a nadie. Comeré únicamente productos orgánicos, no lácteos, no más carne, ni Levi's, ni Donna Karan, no más Guess ni Tommy Hilfiger, no quiero a Louis Vuitton recordándome que no soy nadie, si no puedo comprar sus mierdas. No más autos, no más sexo, no más cuerpos consumibles. Seré célibe hasta encontrar a mi futura Laura, la real. Caminaré, sólo caminaré y caminaré, lo prometo; hasta que mis plantas formen un callo y las piedras dejen de doler.

35

Juana toma un cuchillo, comienza a afilarlo, lo mueve a un lado, a otro, pareciera que el cuchillo danza, lo sumerge en la bañera de agua hirviendo y lo entierra con fuerza. En la bañera el cuerpo de Diana.

JUANA ... es como preparar un delicioso caldo... Éste, Fede, este tiene más filo... Ahora empuja, con fuerza. No llores hijo, eso es de débiles. Y tú eres fuerte. Abre los ojos puta madre, ábrelos. Es por tu bien. Tienes que acostumbrarte. La muerte es lo único que nos toca de ley. Esto es Disney, hijo, el real. Hicimos bien. Esa gente ve un mundo hermoso detrás de una ventana porque nosotros se las limpiamos. Son muchas las cosas que una madre puede enseñarle a su terruño, pero pocas las que son indispensables, necesarias. Lo más más valioso que tenemos es la dignidad. No dejes que nadie te la quite. Cuando yo era niña y vivía en el pueblo, mi abuelo me enseñó a arar la tierra, íbamos con la yunta todos los días. De mi abuela aprendí a hacer sopa, a moler maíz, aprendí a alimentar a los que venían del campo. Yo iba a la escuela, ellos veían de dónde sacar pa' que yo estudiara. Un día en la primaria una niña se burló de mí, porque mis zapatos estaban rotos. Y porque yo solo tenía dos vestidos para la escuela. Me gritaba: "india huele a caca". ¿Y sabes que hacía yo? Nada. Bastó que me callara un día para que siguiera, así me trajo un año entero a pan y verga. Hasta que le conté a mi abuelo lo que me hacían las niñas. Él me dijo: "mi'ja, si te pegan pon la otra mejilla; así nos enseñó Diosito". Pasó el tiempo y las lluvias estaban recias, la milpa se echó a perder. Y entonces nos pusimos a vender huevos. Teníamos un par de gallinas. Yo me iba por la mañana a llevar huevo a los mercados, un día las mismas niñas de la escuela me vieron con mi cartón de huevos y me empujaron. Tiré el cartón completito. Y como caí en piedra, mi vestido también se rompió. Intenté rescatar las yemas que estaban buenecitas, pero aquello ya era un batidero. Ahora sólo tendría un vestido pa' ponerme y mis abuelos y yo no tendríamos nada que comer. Esa tarde regresé muy enojada, no lloré ni una lágrima. Mi abuela me preguntó qué me pasaba, le dije lo que me habían hecho las mendigas escuinclas. Y ella muy sabía me contestó: "si te hacen algo, toma una piedra y estámpaselas en la cabeza". Qué sabia era tu bisabuela. En general, las mujeres somos más fuertes. Lástima que salieras varoncito.

36

Laura continúa en el baño, le marca a Gerardo por el celular. La pelea continua de fondo. Gerardo escucha a Laura.

LAURA Lo hice. No hay vuelta atrás. ... sht. Por favor, escúchame. Soñé que construía una ciudad, una ciudad hermosa, muy parecida a Venecia, pero con otro nombre. Uno que no existe en ningún mapa, ni en las pelis. Sin neblina. Con días largos y lunas grandes y rellenas como me gustan. Cierro los ojos y estoy ahí. Y soy feliz. Ahí sí soy feliz. No en invierno. En primavera. El pasto es verde de ese verde verde que, de tan verde, duele. El pasto crece todo el año, en mis sueños, crece mucho. Crece porque lo riego. Porque es mío, mío. El egoísmo también es bueno. Odiar a la humanidad de vez en cuando también nos viene bien. No ser políticamente correcta. Decirte a la cara todo lo que me revienta, sobre todo tu olor a agrío. Tu gordura. Tus ronquidos. ¿Por qué yo tengo que ser perfecta si tú eres de lo más defectuoso? Cortaúñas chino, eso eres. Lo más parecido a la desgracia... Los mandamientos deberían ser otros, ¿sabes? En mi ciudad no habrá constitución. En mi ciudad habrá mandamientos. Me amaré a mí misma sobre todas las cosas. Mataré lo que sea necesario. Mataré a quien sea necesario. Y luego volveré a dar vida, porque sí.

Qué tan difícil puede ser soñar.

Tenías razón, Gerardo, no era feliz. Qué sentido tenía traerlo al mundo...

... Tarde, Ya es tarde.

COMENTARISTA

Mayweather se ve lento cuando trata de impactar a su rival. McGregor cree que está en el UFC, parece perdido. Money tiene dificultades con la estatura de Connor. Zurdazo de McGregor en el rostro de Mayweather. Mayweather trata de esperar el momento justo para conectar sobre el irlandés. Muy buena *performance* de McGregor para ser su primera pelea de box. 5to asalto: Mayweather empieza a boxear de verdad. Suena la campana y Money golpea a Connor para encender al público. 6to asalto: Money se molesta y empieza a atacar. El público se levanta al ver la reacción de Money. Money esquiva los golpes. Mayweather empieza a boxear en serio le hace daño a McGregor. 7mo asalto: El irlandés se nota cansado. 8vo asalto: McGregor abraza a Money y le dice algo al oído. Da la sensación de que si Mayweather quiere, puede acabar con la pelea cuando guste. McGregor se tambalea. 9no asalto: ¡Ufffff! Casi se cae McGregor tras un derechazo de Money. McGregor no puede más. Busca abrazar a Money para que acabe el asalto. 10mo asalto: Mayweather pesca con un derechazo tremendo al rostro a McGregor. Connor se agarra de la cintura de su verdugo, teme, pero Mayweather ya no lo deja ir, está totalmente inhabilitado.

-Acabó la pelea! Floyd Mayweather gana. Connor McGregor no puede más.

37

HELENA Bájeme aquí.

TAXISTA No.

HELENA ¡Abra la puerta! ¡Oiga, abra la puerta!

TAXISTA Le dije que nos conocíamos.

Seguros del auto abajo.

TAXISTA Buuuu.... Jejeje. Tranquila. No le voy a hacer nada. Era una broma. No soy un asesino serial de esos que se ven en los *thrillers,* en películas de Hitchcock. Sólo, no puedo bajarla a media avenida, tranquila. Mire, ya está ahí la entrada del metro.

HELENA *(Helena ve hacia la ventanilla y alguien llama su atención)* Bájeme aquí por favor, bájeme (*grita*).

TAXISTA Deje que me orille. No la voy a lastimar.

HELENA No. No se crea tan buen actor, no es por eso. Tome. Quédese con el cambio. Ah por cierto, es usted un imbécil.

TAXISTA Uy Uy Uy qué sensible.

38

Sofía *Je t'inventerai*

Des mots insensés

Que tu comprendras

Je te parlerai

De ces amants-la

Qui ont vu deux fois

leurs cœurs s'embraser

Je te raconterai

l'histoire de ce roi

mort de n'avoir pas

pu te rencontrer

Ne me quitte pas

Ne me quitte pas

Ne me quitte pas

Me gusta cantarte mientras metes tu lengua en mi sexo.

Mi boca y tu boca.

Ne me quitte pas

Mis labios y tus labios, moviéndose.

Ne me quitte pas

Absórbeme,

Hunde tu lengua,

Más

Sht, no hables.

Quiero meterme en ti, hasta dentro, más y más dentro.

Ne me quitte pas

Penétrame, habítame, deja que me quede.

Tú vientre es fuego, arde, yo ardo.

Ne me quitte pas

¿Te gusta?

¿Qué quieres? Dime.

Quiero ser tu puta, tu perra, tu esclava. Absórbeme. Hurga en mí.

Sorbe. Muerde. Dame vida,

Contémplame en tus sueños o en el monitor.

En la esquina más cercana al abismo,

Ahí, donde está la raíz de todo.

El miedo, el miedo a caer...

Permíteme ser libre de esta carga que me da la vida, los años, ser libre atada a ti,

atravesada por ti,

por nuestra putrefacción ...

¿Sabías que la carne humana es dulce cuando llega a la putrefacción?

Cavemos juntos la tumba de nuestra soledad.

Sembremos campos repletos de caricias blasfemas.

Hurga en mi hasta que la tierra se abra y me devores,

¿Por qué no se abre? ¿Por qué no me tragas?

Tanta sangre vibrando.

Vente, vente en mí.

Deja que tu semen escurra.

Atraviesa mi garganta.

Este es mi cuerpo que será entregado para ustedes.

Haced esto en conmemoración mía.

(Orgasmo final. Apaga la cámara. Se escucha un grito que viene de la entraña.)

39

GITANA *En medio de la gran ciudad. Un pequeño orificio, un minúsculo círculo: el área que circunda al Metro Viaducto. Allí, las olas golpean agresivas, dan golpe tras golpe, resuenan muy dentro, muy en el corazón, los latidos de estos hombres y mujeres deambulando por las calles, sobre el mar, un mar que más que mar es un océano inmenso que atraganta, que rasga. Veo a un hombre; Humberto, está en el metro viaducto, desde lo alto arroja un fajo de billetes. Los billetes caen al piso de abajo: el de los andenes. Y mientras una chica se desangra en las vías del metro, decenas de personas corren a recoger esos billetes pensando en la suerte de haber estado en el momento justo en el lugar indicado. La madre de esa chica observa el horror a un par de metros. Su mirada queda detenida, desde que el cuerpo de su joven hija se lanza a las vías, pensando que la vida es aire, aire incontenible. Mayweather gana la pelea del año. Una mujer en la habitación 207 da muerte a un ser que nunca existió y otra en la habitación de al lado es cercenada y servida en el banquete más visto en los últimos tiempos. A unos cuantos metros un niño mira a la muerte por primera vez; Su madre está orgullosa. Criar duele, cansa. Es un día suave y el sol esta oblicuo sobre la llanura. Pronto sonarán las campanas y un padre llamará a misa. Y por un segundo, nos miramos, Vemos una imagen nítida de nosotros mismos. ¿Cómo hacer este segundo eterno? "Ne me quitte pas" de Jacques Brel se escucha a lo lejos, muy muy lejos. Tal vez los ojos de quienes espectan también son parte de este cuadro... Quizá sea la tierra despertando.*

Epílogo

HELENA Tenía dos años de no verla, estaba más flaca de lo que recordada. Es más, apenas pude reconocerla. Bajé del taxi. Ella estaba entrando al metro. La llamé: "Valeria, Valeria", pero no me escuchó. No traía tarjeta, ni siquiera sabía que necesitaba una; así que fui a la taquilla a comprarla. Ella subía las escaleras eléctricas. No tardé tanto. Crucé el puente que está dentro, bajé las escaleras y la vi. Estaba parada a lo lejos del lado izquierdo, con dirección a Cuatro Caminos. Vi que venía el metro, temí que se subiera y perderla de vista. Había bastante gente. Volví a gritarle: "¡Valeria!", "¡Valeria!". Ella traía el celular en las manos. Creo que no escuchó y entonces lo hizo. Supongo que quería ser feliz, al final es lo que todos buscamos. Cuando era niña bastaba con llevarla a Disneylandia para ver sus ojitos brillar, después ya no...

Ana Lucía Ramírez

Nace en Xalapa, Ver., México. Creadora escénica. Dramaturga, actriz, directora, docente, gestora y productora teatral, pero ante todo y sobre todo, madre de Júlia. Licenciada en Teatro por la Universidad Veracruzana, egresada del Máster en Creación Teatral de la Universidad Carlos III de Madrid. Fundadora de Área 51 Foro Teatral, gesta al lado de Pere Mas No Crecerán las Lechugas, compañía desde la cual crea. Co directora del Festival de Unipersonales con diez emisiones a la fecha. Actual miembro del Sistema Nacional de Creadores de Arte (2024-2027). Premio Nacional Manuel Herrera de Dramaturgia (2024). Premio Nacional de Dramaturgia Víctor Hugo Rascón Banda (2012), en coautoría con LEGOM. Con su compañía No crecerán las lechugas gana el XXI Premio Rei En Jaume de Teatro (2023). Finalista en el VII Premio Internacional de Dramaturgia (Editorial Invasoras, 2023); Mención Honorífica en el Premio Nacional de Dramaturgia Joven TSP (2019); y seleccionada para Panorama Sur (Buenos Aires, 2019). Becaria Creadores Escénicos del Fondo Nacional para la Cultura y las Artes, Categoría B, FONCA (2019-2020) y Categoría A(2013- 2014). Beneficiaria del estímulo PECDAV en la categoría Jóvenes Creadores en el área de dramaturgia (2012-2013), y en 2010 a 2011 en el área de actuación.